JN224630

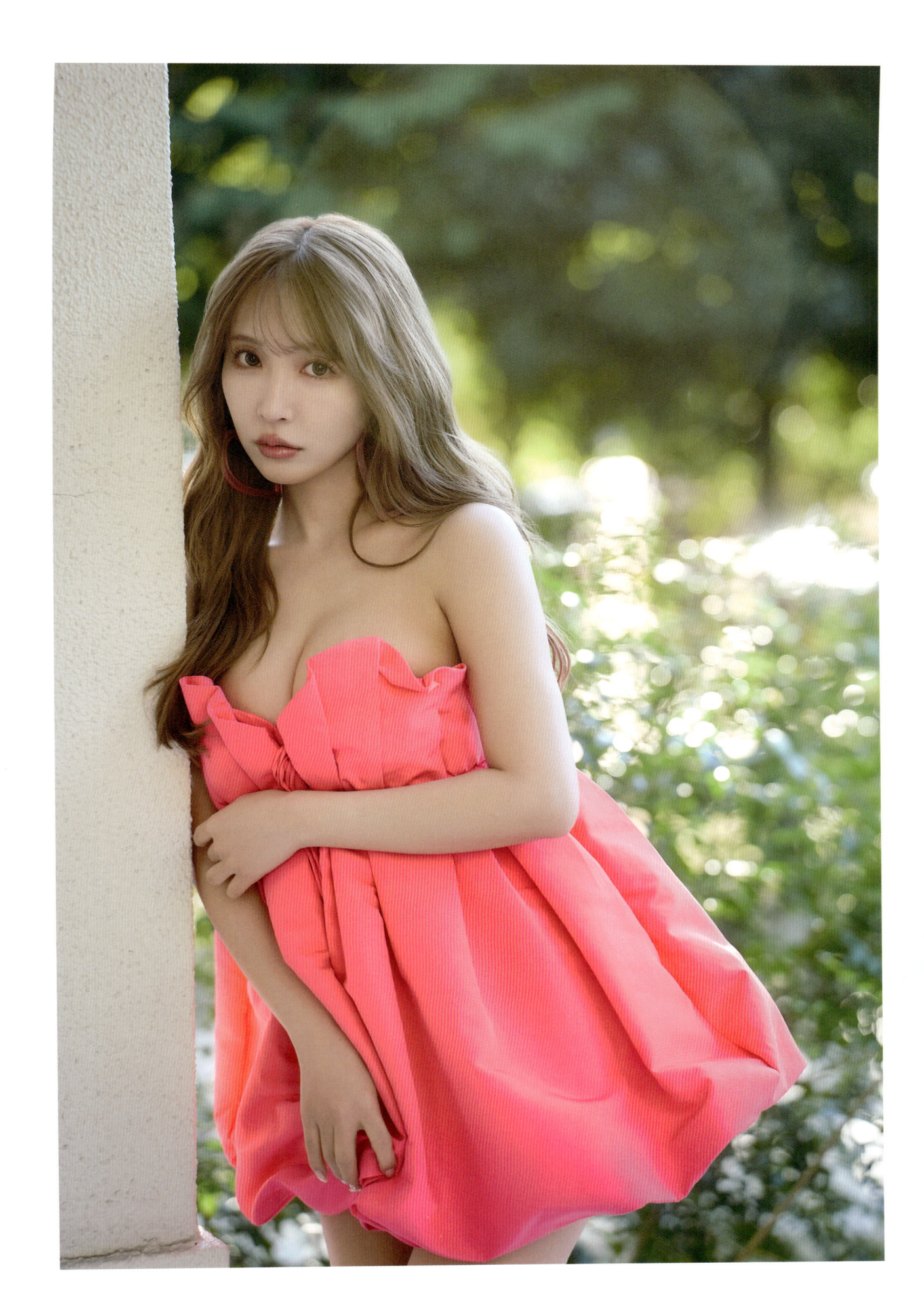

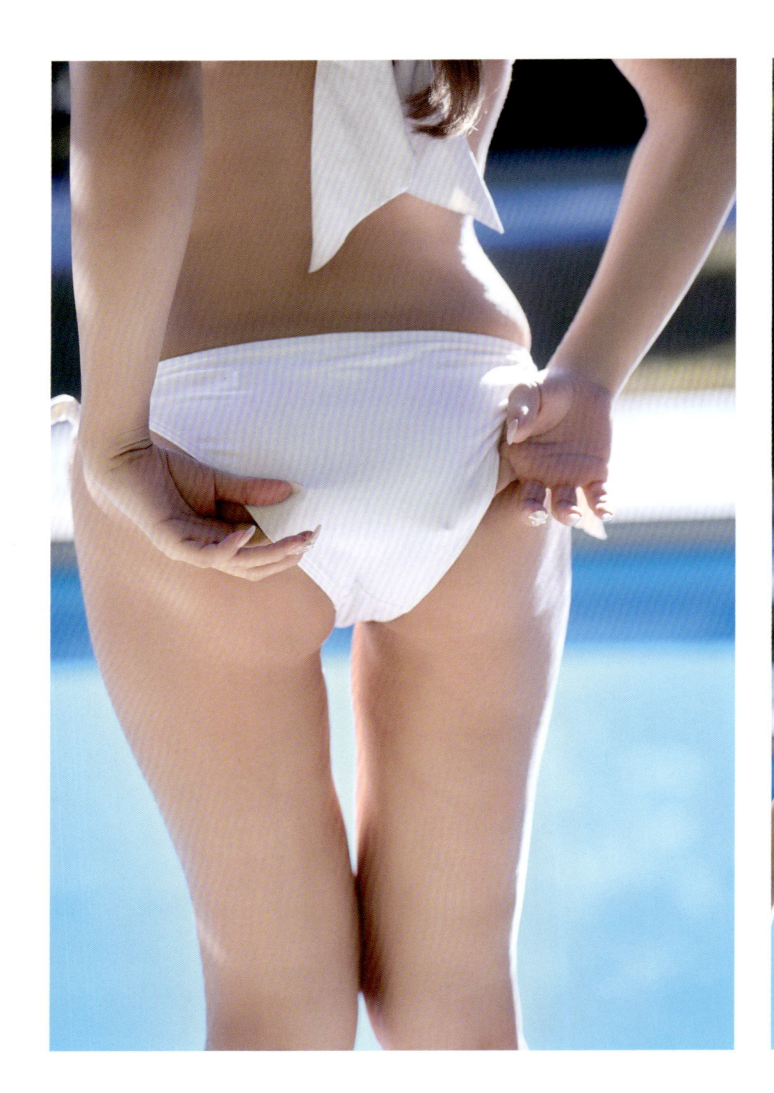

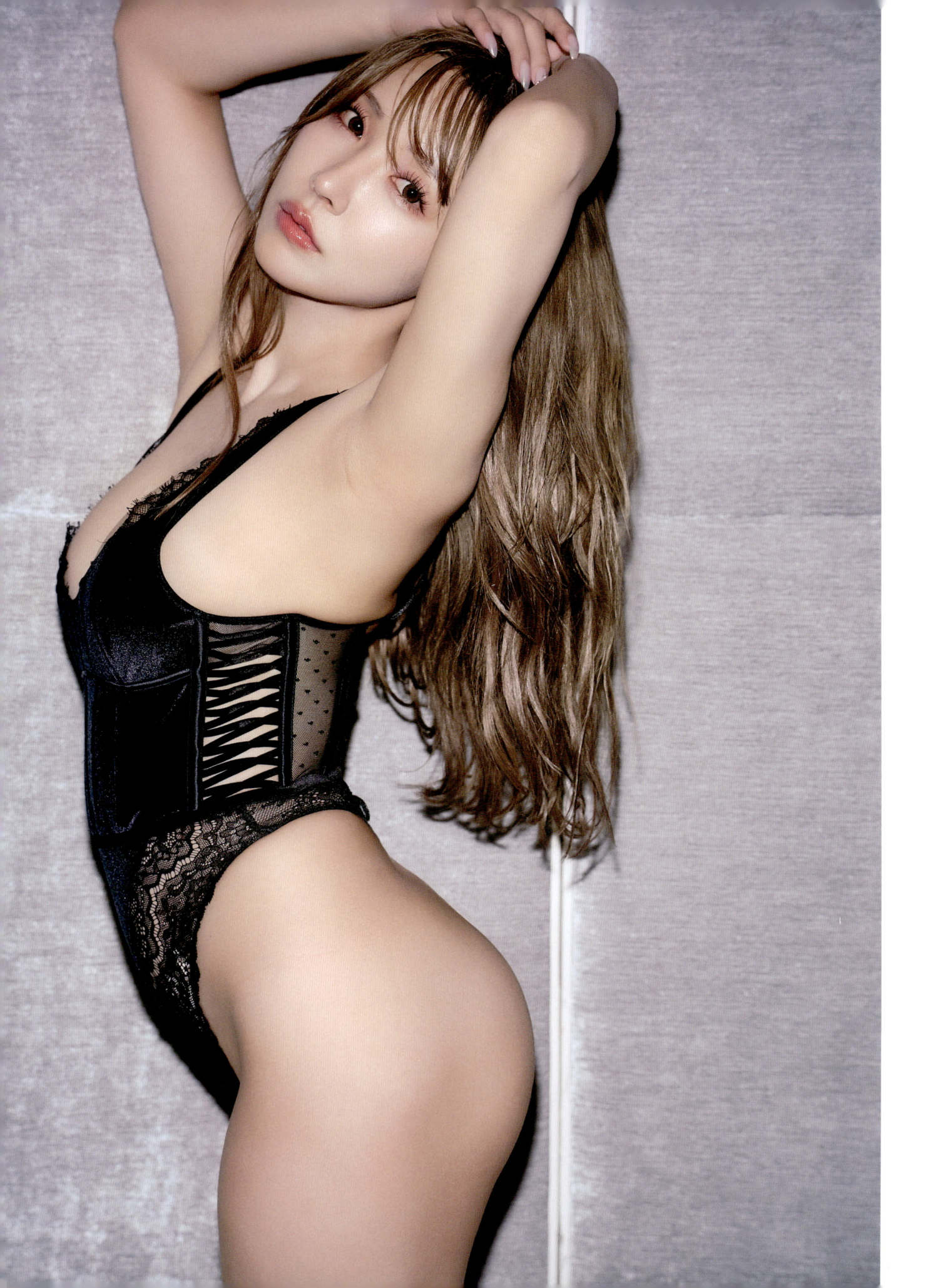

三上悠亜
Official Photo Book
YUA

2025 年 4 月 24 日　初版第一刷発行

モデル　三上悠亜
カメラマン　中村和孝
スタイリスト　柾木愛乃
ヘアメイク　いむたん

マネジメント　株式会社 Miss

プロデュース　斉藤弘光（株式会社 G－STYLE）
デザイン　山根悠介（Transworld Japan Inc.）

発行者　斉藤弘光
発行元　株式会社 G－STYLE
〒 170-0012　東京都豊島区上池袋 3-39-25
TEL・FAX：03-5980-8642
印刷・製本　株式会社グラフィック

ISBN 978-4-86256-409-2
2025 Printed in Japan
©Transworld Japan Inc.

最後まで 見てくれて
ありがとう ♡

どの 悠亜 が 好きでしたか？

また おしえてくれたら
うれしいです ☺

これからも ずっと 大好き ♥♥

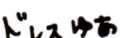

ドレスゆあ

三上悠亜